FREUNDE FINDEN FÜR ANFÄNGER

WIE SIE GANZ LEICHT IHRE SCHÜCHTERNHEIT ÜBERWINDEN, NEUE LEUTE KENNENLERNEN, UND ECHTE FREUNDE FÜRS LEBEN FINDEN

Alexander Rau

1.Auflage 2015

ISBN: 1517752760
ISBN-13: 978-1517752767

HAFTUNGSAUSSCHLUSS

Die Inhalte dieses Buches wurden mit größter Sorgfalt erstellt. Für die Richtigkeit, Vollständigkeit und Aktualität der Inhalte können wir jedoch keine Gewähr übernehmen. Sie spiegeln die persönliche Meinung und Erfahrung des Autors wider. Der Autor übernimmt daher keine juristische Verantwortung oder Haftung für Schäden, die durch eventuelle Fehler oder kontraproduktive Ausübung durch den Leser entstehen. Dieses Buch ist eine Anleitung zu möglichen Erfolgsstrategien und keine Garantie für Erfolge. Der Autor übernimmt daher keine Verantwortung für das Nicht-Erreichen der im Buch beschriebenen Ziele. Dieses Buch enthält Links zu externen Webseiten Dritter, auf deren Inhalte wir keinen Einfluss haben. Deshalb können wir für diese fremden Inhalte auch keine Gewähr übernehmen. Für die Inhalte der verlinkten Seiten ist stets der jeweilige Anbieter oder Betreiber der Seiten verantwortlich. Die verlinkten Seiten wurden zum Zeitpunkt der Verlinkung auf mögliche Rechtsverstöße überprüft. Rechtswidrige Inhalte waren zum Zeitpunkt der Verlinkung nicht erkennbar. Eine permanente inhaltliche Kontrolle der verlinkten Seiten ist jedoch ohne konkrete Anhaltspunkte einer Rechtsverletzung nicht zumutbar. Bei Bekanntwerden von Rechtsverletzungen werden wir derartige Links umgehend entfernen.

INHALTSVERZEICHNIS

KAPITEL 1

MODERNE FREUNDSCHAFTEN?

Hallo, mein Name ist Alexander Rau und als allererstes möchte ich mich bei Ihnen dafür bedanken, dass Sie „Freunde finden für Anfänger" gekauft haben.

Dieses Buch enthält bewährte Methoden und Schritte, mit denen Sie die Kunst des Smalltalks und die Fertigkeiten einer echten Freundschaftsführung lernen können.

In Zeiten, da die berühmten sozialen Medien immer prominenter werden und neue Generationen zu Einzelkämpfern erzogen werden, fällt es zunehmend schwer, auf Menschen zuzugehen oder dauerhaft gesunde Freundschaften zu führen. Zurückhaltung wird ebenso verteufelt wie die Extrovertiertheit und nur wer sich brav in die Mitte einordnen kann, hat überhaupt eine Chance auf einen Freundeskreis. Aber auch für Extrema, für schwer Zugängliche und für Aufschneider gibt es Pendants, und das Recht auf loyale Begleiter besitzt sowieso jeder Mensch. Oft fehlen Überwindung oder realistische Methoden, sich unter fremden, aber einem sympathischen Menschen, zu etablieren.

Kennen Sie diese oder ähnliche Situationen? Sie sind auf einer Party, bei der jedoch kaum Leute sind, die Ihnen bekannt sind. Was tun? Vielleicht schüchtert Sie die Anzahl der Ihnen unbekannten Leute so ein, dass Sie gleich aufgeben und sich unauffällig in eine Ecke begeben. Dort nehmen Sie eine Beobachterposition ein, jedoch in der ständigen Angst oder auch unerfüllten Erwartung, angesprochen zu werden. Doch in dieser Stellung wird dies niemand tun. Der Eindruck, den Sie hinterlassen, wird kaum jemanden dazu auffordern, mit Ihnen in Kontakt zu treten. Und so werden Sie am Ende des Abends nach Hause gehen, ohne auch nur mit einem neuen Menschen gesprochen zu haben.

Ist Ihnen diese, oder eine ähnliche Situation bekannt, ist dieses Buch genau das Richtige für Sie. In den folgenden Kapiteln werden Sie lernen, wie Sie auf verschiedene Persönlichkeiten zugehen können und welche Werte eine Freundschaft benötigt. Ich werde Ihnen zeigen, wie Sie Freundschaften schließen und halten können und so ein besseres und glücklicheres Leben führen.

Lassen Sie uns also gleich beginnen. Das nächste Kapitel zeigt verbreitete Rezeptionen der Freundschaft auf und analysiert damit ihre Natur.

KAPITEL 2

VOM GLÜCK EINER BESONDEREN BEZIEHUNG

GRUNDREGELN FÜR DEN UMGANG MIT MENSCHEN

Freundschaft gehört, wie die Liebe, zu den schwierigen Lebensaufgaben. Sind wir jung, schließen wir Freundschaften recht unbefangen. Mit den Jahren sammeln wir mehr oder weniger schlechte Erfahrungen. Wir sind älter geworden und haben die ersten Freundschaftskrisen erlebt. Wohl bewusst darüber, dass es uns um einiges besser geht, wenn wir gute Freundschaften hätten, verhalten wir uns dennoch skeptisch und vernachlässigen die „realistische Freundschaftskunst."

Ein Grund dafür könnte sein, dass wir den elementaren Grundlagen zum Aufbau einer Freundschaft kaum Beachtung schenken. Menschen sind keine logischen Wesen, sie sind Wesen voller Gefühle, Stolz, Vorurteile und Eitelkeit. Das stellt durchaus eine Herausforderung dar.

Betrachten Sie sich einmal selbst: Sie haben Ihren Stolz, neigen hin und wieder zu Vorurteilen, Ihre Gefühle laufen manchmal Amok und Ihre Eitelkeit ist eine Zier?

Fazit: Wir müssen lernen, unsere Mitmenschen realistisch zu sehen. Tragfähig ist das allerdings nur, wenn Sie sich ebenfalls in diese Betrachtung einbringen.

Nun haben Sie zwei Möglichkeiten: Nehmen Sie die Menschen, so wie sie sind, und machen Sie das Beste daraus. Nutzen Sie Ihren Verstand und Ihr Herzblut. Lassen Sie eine gute Freundschaft entstehen!

Hingegen dürfen Sie auch eine Menge Leute derart verstimmen, dass diese Ihnen ein Leben lang grollen. Es ist ganz einfach: Kritisieren Sie nur scharf genug, egal wie berechtigt die Kritik auch sein mag. Vergessen Sie dabei nicht: Jeder Narr kann verurteilen, reklamieren und kritisieren. Verstehen und Verzeihen erfordert jedoch Selbstbeherrschung und Charakter. Die wohl wichtigsten Voraussetzungen für eine Freundschaftsvielfalt.

Ein überaus wertvoller Satz des Psychologen Alfred Adler sollte Sie auf Ihrem Weg zu guten Freundschaften stets begleiten: „Der Mensch, der sich für seine Mitmenschen nicht interessiert, hat im Leben die meisten Schwierigkeiten und fügt anderen am meisten Schaden zu. Solche Menschen sind die Ursache allen menschlichen Elends."

In der Tat: Jemand, der sich für andere interessiert, wird in wenigen Monaten mehr Freunde gewinnen, als derjenige, der immer nur darum bemüht ist, andere für sich zu interessieren. Wobei ehrliches Interesse nicht mit seichter, selbstsüchtiger und falscher Schmeichelei zu verwechseln ist. Ehrliches Interesse wächst an uns selbst und erfordert ein hohes Maß an Mitgefühl.

Nach der Ansicht des Philosophen Aristoteles gibt es drei Arten von Freundschaften:

- Freundschaften zum wechselseitigen Nutzen

- Freundschaften, die dem Vergnügen dienen
- Die Herzensfreundschaften der Tugendhaften

Erstrebenswert sind die Freundschaften der dritten Kategorie- die, zwischen den tugendhaften Menschen, welche aufrichtig um ihre eigene Entwicklung bemüht sind.

Um zur Herzensfreundschaft zu gelangen, bedarf es einiger Grundregeln. Prüfen Sie und stellen Sie fest, welche dieser Regeln Ihnen bereits vertraut sind. Der Umsetzung widmen wir uns in den weiteren Kapiteln.

Zum besseren Verständnis werfen wir zuvor einen Blick auf die nicht erstrebenswerten Freundschaften.

FREUNDSCHAFTEN ZUM WECHSELSEITIGEN NUTZEN UND ZUM VERGNÜGEN:

Freundschaften, bei denen der wechselseitige Nutzen im Vordergrund steht.

In den meisten Fällen handelt es sich um direkte Hilfeleistungen. Wohl dem, der einen kennt, der auch wieder einen kennt. Man nennt dies auch Vitamin-B-Freundschaften. Es ist durchaus angenehm, mit diesen Personen in einer engeren Verbindung zu stehen. Wir wissen alle, wie schwierig es sein kann, einen Arbeitsplatz, eine gewünschte Wohnung oder bestimmte Vergünstigungen zu bekommen. Diese Personen sind gute Wegbereiter, denen wir gern unsere Fähigkeiten zur Verfügung stellen.

Im Gegenzug reparieren Sie sein Auto oder helfen bei der Renovierung seiner Wohnung. Im Vordergrund dieser Beziehung steht stets der Nutzen. Gefühle der Zuneigung bleiben jedoch auf der Strecke. Das bestätigt sich spätestens dann, wenn der eine dem anderen nicht mehr von Nutzen sein kann.

Beobachten Sie sich: Gehören Sie zu den Menschen, die darauf spekulieren, aus ihrer unmittelbaren Freundschaft einen Nutzen zu ziehen? Sind Sie der Freund, der sich nur meldet, wenn er irgendeinen Wunsch hat? Sie sind freundlich, weil sie damit einen Zweck verbinden?

Fazit: Keine gute Basis, um wirkliche Freundschaften gedeihen zu lassen.

Dieses Freundschaftsverhalten entspricht der Definition des französischen Philosophen Charles des Montesquieu (1689-1755): „Die Freundschaft ist ein Vertrag, durch den wir uns verpflichten, kleine Dienste zu erweisen, damit wir in den Genuss größerer kommen.“

FREUNDSCHAFTEN, DIE DEM VERGNÜGEN DIENEN

Nach Aristoteles beruht diese Freundschaft auf der Lust. Heute sprechen wir von Vergnügen oder Zeitvertreib. Man trifft sich, geht gemeinsam aus, verreist zusammen, trinkt in geselliger Runde ein Gläschen über den Durst oder begegnet sich regelmäßig im Sportverein. In erster Linie geht es um einen angenehmen, schönen Zeitvertreib, weniger um tiefgründiges Verstehen. Dieser Art von

Beziehung das Nomen Freundschaft zu verleihen, ist mit Vorsicht verbunden. Verstehen Sie das nicht falsch. Selbstverständlich sind Vereine, wo sich viele Teilnehmer treffen, ein idealer Nährboden für Freundschaften. Gemeinsame Aktivitäten liefern reichlich Gesprächsstoff. Dennoch sollten Sie in der Lage sein, zwischen einer freundschaftlichen Beziehung und einer wirklichen Freundschaft zu unterscheiden. Beobachten Sie sich: Sie führen zuweilen ein persönliches Gespräch mit Ihrem Trainingspartner. Vertiefen Sie es auch? Oder ergreifen Sie die Gelegenheit, Ihre Trainingspartner näher kennenzulernen und laden diese zu sich nach Hause ein? Im ersten Fall verbinden Sie das Praktische mit dem Nützlichen. Sie möchten Ihren Körper trainieren und anschließend noch eine persönliche Plauderei halten. Das entspricht einer freundschaftlichen Beziehung.

Mit dem Gedanken Ihren Trainingspartner nach Hause einzuladen, unterziehen Sie das Freundschaftsgefühl einer Prüfung. Es liegt Ihnen etwas an dieser Person und Sie möchten Sie näher kennenlernen. Möglicherweise der Beginn einer guten Freundschaft.

Die Herzensfreundschaft der Tugendhaften obliegt auf dem ersten Blick einem recht anspruchslosen Regelwerk:

- Sie haben ein großes Herz.

- Sie glauben an Ihre Fähigkeiten.

- Sie interessieren sich aufrichtig für Ihre Mitmenschen.

- Sie leiden mit, wenn es anderen Menschen schlecht geht.

- Sie nehmen Kritik an.

- Sie geben anderen das Gefühl, wichtig zu sein, und schenken ihnen Anerkennung.

- Sie suchen die Fehler auch bei sich selbst.

- Sie stellen Ihre Interessen zurück.

- Sie sehen Menschen so, wie sie sein könnten, und handeln vorurteilslos.

- Sie freuen sich, wenn sich der andere weiterentwickelt.

Diese Regeln entsprechen allesamt den inneren Werten eines Menschen. Nun können Sie als kritischer Leser einwenden, dass es solch tugendhafte Menschen wohl nur im Märchen geben kann. Möglich, aber nicht unmöglich. Es ist erwiesen, dass insbesondere die Menschen, die in ihrem Leben schon einiges an Lehrgeld zahlen mussten, die Tugenden ihrer Mitmenschen viel schneller erkennen. Das bedeutet aber nicht, dass Sie ohne diese Erfahrungen alle tugendhaften Menschen an sich vorbei ziehen lassen. Vertrauen Sie Ihrer Einschätzung. Denn, dass Geltungsstreben oder rivalisierende Auffälligkeiten nicht zu den gottgegebenen Tugenden gehören, das wissen Sie sicher auch.

Umgekehrt nimmt Ihr Gegenüber diese Eigenschaften auch an Ihnen wahr.

Die meisten von uns bewegen sich in Durchschnittsfreundschaften. Sie sind weder gut, noch schlecht. Es entwickelt sich eine gewisse Vertrautheit und man redet über einiges. Sie sind einfach nur alltäglich. Oft zeigen sich hier gravierende Probleme, weil wir nie gelernt haben, richtig zu kooperieren. Geschuldet ist dies unserer eigenen Persönlichkeitsentwicklung.

Das folgende Kapitel verbinden wir mit dem Ziel, unsere Persönlichkeitsmerkmale besser zu erkennen und sie zu verändern.

KAPITEL 3

DAS REICHE INNENLEBEN

ANGST UND SCHÜCHTERNHEIT ÜBERWINDEN

Menschen, die über eine ausgeprägte Beziehungsfähigkeit verfügen, sind in der Lage, tiefe und echte Freundschaften zu pflegen. Sie haben Freundschaft mit sich selbst geschlossen, respektieren sich, überwinden Minderwertigkeitsgefühle und verfolgen keine Geltungs-und Machtziele. Sie kreisen nicht ständig um sich selbst. Es gelingt ihnen, ihre Mitmenschen besser zu begreifen. Darüber hinaus haben sie ihren privaten Horizont erweitert. Ihr reiches Innenleben wächst aus vielfältigen Interessen. Sie begegnen uns mit einer Lebendigkeit, die lange Zeit nachwirkt.

Erkennen Sie sich wieder? Ihre engsten Freunde besitzen diese Eigenschaften? Dann haben Sie bereits den Schlüssel zu einem glücklicheren Leben gefunden und führen Freundschaften auf fruchtbarem Boden.

Diejenigen, welche diesem Ziel noch nachstreben und nur wenige dieser Eigenschaften bei sich erkennen, müssen sich auf einen recht langwierigen Weg der Persönlichkeitsentwicklung begeben. Es wäre falsch, zu behaupten, dass dieser Weg einfach ist und wenig Zeit erfordert. Dennoch ist der Glaube an die „Kraft der Freundschaft“ ein guter Wegbereiter. Sie bringen Aufgeschlossenheit, ein weites, offenes Herz und die Bereitschaft, sich rühren zu lassen, mit. Sie nehmen auch unscheinbare, flüchtige Zufälligkeiten einer Begegnung wahr. Das sind bereits wunderbare Voraussetzungen, die sich durchaus vertiefen lassen.

VERLASSEN SIE DAS TERRAIN DER ANGST

Angst gehört zu den unerwünschten Verhaltensweisen. Zurückweisungen und Ablehnungen lassen Sie straucheln. Sie kratzen an Ihrem Selbstwertgefühl und schaffen Unmut. Sich von seinen Ängsten trennen zu können, zählt zu den sozialen Fähigkeiten. Schlechte Angewohnheiten sind Angstauslöser. Sie beeinflussen Ihre Stimmung, Ihre Lebensgestaltung und die Einstellung zu sich selbst. Warum lassen sich diese schlechten Gewohnheiten nicht einfache in gute verwandeln? Möglicherweise gelingt es Ihnen nicht, weil Sie niemals die Fertigkeiten der Selbstveränderung gelernt haben. Der Mangel an Wissen, wie Sie etwas anfangen können, hält Sie von der Umsetzung ab. Vermutlich versuchen Sie, Ihr unerwünschtes Verhalten mit einem unbewussten Bedürfnis zu befriedigen.

- Sie sind passiv. Ein Verhalten, was Ihnen missfällt. Dennoch unterlassen Sie, den Versuch etwas daran zu ändern. Diese Untätigkeit wirkt wie ein Verstärker auf Ihre Hilflosigkeit.

- Sie haben den Begriffsgehalt der Willensstärke nicht erfasst. Ein wichtiger Appell, denn Sie sollten in einem gewissen Maß Macht über das eigene Handeln besitzen. Sie müssen es nur wollen.

Versuchen Sie zunächst, mit der folgenden Bestandsaufnahme des Selbstbewusstseins, Ihre eigenen Schwierigkeiten unter die Lupe zu nehmen. Betrachten Sie alle Schwierigkeiten, die Ihnen Ihre Selbstbehauptung erschweren. Diagnostizieren Sie Ihre Ängste, welche Sie davon abhalten, den Zustand des Selbstbewusstseins zu erreichen.

- Sind Sie mit Ihren sozialen Kontakten zufrieden?

- Kommen Sie mit Fremden schnell in ein Gespräch?

- Haben Sie das Gefühl, die Menschen finden Sie langweilig, wenn Sie mit ihnen in Kontakt treten?

- Können Sie Ihre Freunde bitten, einen Gefallen anzugehen?

- Sind Sie in der Lage, an Ihren Freunden Kritik zu üben?

- Loben Sie Ihre Freunde?

- Können Sie Nein sagen, wenn Ihr Freund Sie um etwas Unmögliches bittet?

- Sind Sie in der Lage andere Personen aufzufordern still zu sein, wenn sie sich im Kino, Theater oder bei einem Konzert unterhalten?

- Fällt es Ihnen schwer, eine Unterhaltung in Gang zu halten?

- Ist es Ihnen unangenehm, gekaufte Sache zurückzugeben, auch wenn Sie einen berechtigten Grund dazu haben?

- Können sie auf Komplimente reagieren?

- Gibt es eine Person, der Sie Ihre innersten Gefühle anvertrauen können?

- Schlucken Sie Ihre Gefühle lieber herunter, als sie offen anzusprechen?

- Wie zufrieden sind Sie mit Ihren Arbeitsgewohnheiten?

- Wie freimütig sprechen Sie zornige oder zärtliche Gefühle gegenüber Gesprächspartnern aus?

- Können Sie gut Verabredungen vorschlagen oder annehmen?

- Sind Sie in der Lage, einen Untergebenen zurechtzuweisen?

Finden Sie die Dinge heraus, die zu Ängsten, zu innerer Spannung und Unsicherheiten führen. Ergänzen Sie diese Liste mit Reizen, die bei Ihnen Unbehagen hervorrufen. Das können zornige Leute sein, Fehlschläge, laute Stimmen oder energetisch aussehende Menschen. Stellen Sie fest, auf welcher Skala (1-6) Sie ihre unbehaglichen Gefühle einordnen. Hieraus wachsen nun Ihre Selbstbewusstseinsziele. Fangen Sie dort an, wo Sie jetzt stehen. Wählen sie dazu die Punkte, welche Sie am leichtesten umsetzen können. Nehmen sie erst eine leichte Aufgabe und packen Sie dann die schwierigeren an. Dabei ist es völlig egal, worin das Problem besteht. Jeder hat seine Grundprinzipien, um größeres Selbstbewusstsein zu erlangen. Gehen Sie wie folgt vor:

- Versuchen Sie, Ihre Gefühle auszudrücken, gleichgültig ob es sich um Empfindungen der Zärtlichkeit oder des Zorns handelt.

- Der Beziehung und Situation angemessen, enthüllen Sie so viel wie möglich von Ihrem Selbst.

- Handeln Sie stets so, dass Sie sich mehr achten und besser gefallen.

- Versuchen Sie, nicht die Welt zu ändern, sondern achten Sie darauf, was Sie anders machen können.

- Verwechseln Sie nicht Aggressivität mit Selbstbehauptung. Aggressivität richtet sich stets gegen andere. Ihre Selbstbehauptung hingegen zeugt von einem angemessenen Eintreten für sich selbst.

- Werden Sie sich bewusst darüber, dass Sie in bestimmten Bereichen ein Manko vorweisen, aber auf anderen Gebieten durchaus Stärken besitzen und selbstbewusst sind.

VERSUCHEN SIE ES MIT KLEINEN ÜBUNGEN:

Eine Frau drängelt sich im Supermarkt vor. Wählen sie deutliche Worte: „Stellen Sie sich bitte hinten an." Spricht Sie ein Freund auf ein Vorhaben an, auf das Sie keine Lust haben, dann werden Sie auch hier deutlich und sagen Sie das, was Sie wirklich empfinden: „Nein, dazu habe ich keine

Lust.“

Wahrheiten sollte man nie hintergehen, sondern ihnen immer einen Raum schenken. Sie möchten etwas nicht, dann sagen Sie es auch. So wirken Sie glaubwürdig und vermitteln Vertrauen. Wer um den heißen Brei herum redet und seinen Standpunkt nicht vertritt, verliert an dieser Glaubwürdigkeit.

ÄNDERN SIE IHR HANDELN, DANN ÄNDERN SICH AUCH IHRE GEFÜHLE.

Es gibt hundert Gründe es nicht zu tun. Allerdings wählen Sie dann eine Methode, die prädestiniert ist, ein leeres Leben zu schaffen.

Selbstbewusstsein ist kein Dauerzustand, es wächst und verändert sich. Immer wieder entstehen neue Situationen und Bewährungsproben. Um diese zu bestehen, benötigen Sie neue Fertigkeiten.

VON SCHWEIGERN, NÖRGLERN UND SELBSTDARSTELLERN

Schüchternheit, Reserviertheit oder Angeberei zählen zu den Kommunikationsschwächen. Alle drei Schwächen sollten Ihnen bewusst sein.

Schüchternheit ist vermutlich einer der offensichtlichsten Nachteile. Sie hat dennoch ihre positiven Seiten. Wobei Nörgler und Selbstdarsteller uns spätestens nach einem mehr oder weniger ausgiebigen Wortgeplänkel mächtig auf den Nerv gehen.

Schüchterne Menschen können durchaus sehr interessierte und angenehme Kommunikationspartner sein. Im Gegenzug zu Selbstdarstellern, die es in Null-Komma-Nix schaffen, sich in den Mittelpunkt zu stellen.

Wenn Sie sich zu den schüchternen Menschen zählen, dann besitzen Sie Empathie. Sie sind in der Lage, zuzuhören und können sich in andere Menschen hineinversetzen. Diese Voraussetzungen sind genauso wichtig, wie gewandtes Auftreten und Selbstsicherheit. Appellieren Sie an die Schüchternheit. Auch wenn Ihnen schüchterne Menschen als langweilig, gehemmt oder uninteressiert suggeriert werden. Sie scheuen einfach nur das Licht und möchten wenig über Interessen und Gefühle preisgeben. Sind Sie selbst betroffen, dann versuchen Sie, hin und wieder eine Bemerkung einzuwerfen. Kompetenz oder Schlagfertigkeit sind dabei nicht von Nöten. Beteiligen Sie sich einfach. Halten Sie Ängste aus und akzeptieren sie diese.

Umgekehrt dürfen Sie schüchterne Menschen aus ihrer Reserve locken. So zeigen Sie Einfühlungsvermögen, Wärme und Sensibilität. Packen Sie denjenigen an seinen Interessen, ermöglichen Sie ihm einen sanften Einstieg in das Gespräch. Nehmen Sie ihn mit.

KAPITEL 4

DIE KUNST, ERFOLGREICH KONTAKTE ZU KNÜPFEN

GLEICH UND GLEICH GESELLT SICH GERN - GRUPPENFREUNDSCHAFTEN

Wenn Sie auf Menschen treffen, mit denen Sie gern befreundet wären, ist das der Beginn richtiger Beziehungsarbeit. Sie möchten mehr über andere erfahren und das Band der Beziehung fester knüpfen.

Gern unternimmt man etwas zusammen. Sie besuchen gemeinsam ein Restaurant, nehmen einen Theaterbesuch wahr oder genießen einen Kinofilm. Weitere Gelegenheiten ergeben sich aus Mitgliedschaften in Sportvereinen, auf Weiterbildungen, bei Volkshochschulkursen oder auch in sozialen Netzwerken. In allen Fällen kommt es darauf an, eine Interessengemeinschaft zu finden oder zu bilden. Über gemeinsame Tätigkeiten oder Interessen entwickeln sich Gruppenfreundschaften. Ganz in Ruhe lernen Sie die Teilnehmer kennen und stellen fest, ob Sie eine Freundschaft beginnen möchten.

Nicht selten bilden sich kleine Freundesgruppen, die sich regelmäßig treffen oder Ausflüge organisieren. Wohl ist nicht jeder mit jedem befreundet, aber dennoch sind die Gespräche oft anregender als der Austausch zu zweit. Gruppenfreundschaften, welche auf der nonverbalen

Kommunikation beruhen, gestalten sich nicht immer ganz so einfach. In sozialen Netzwerken, wie Facebook, Twitter & Co, müssen Sie ohne Ihre Körpersprache auskommen. Nicht selten kommt es zu Missverständnissen.

Beachten Sie bereits vor Ihrer Gruppenwahl, ob Sie in der von Ihnen gewählten Gruppe wirklich gut aufgehoben sind. Die Auswahl ist groß. Achten Sie auf gewisse Übereinstimmungen hinsichtlich Ihrer Weltanschauung, der Interessen, der sozialen Schicht oder des Charakters. Eine Freundschaft kann sich nur dann entwickeln, wenn wesentliche Lebenseinstellungen übereinstimmen. Sozialpsychologischen Untersuchungen folgend, neigen die meisten Menschen dazu, sich mit Personen gleichen Geschlechts, gleichen Alters, Charaktereinstellungen und sozialer Lage anzufreunden.

Ein höflicher und sachlicher Austausch ist Bedingung. Vermitteln Sie Vertrauen, zeigen Sie Anerkennung und loben Sie Ihre virtuellen Gesprächspartner. Die einst belächelten Emoticons können sehr hilfreich sein. Gestalten Sie Ihre Ideen und Vorschläge lebendig. Zeigen Sie Engagement und bleiben Sie vor allem am Ball.

- Sie lieben Tiere und möchten sich für sie einsetzen? Es gibt sicher Tierschutzgruppen, die ganz in Ihrer Nähe agieren. Schnell sind Kontakte hergestellt und persönliche Treffen organisiert. Der Vorteil: Sie konnten sich bereits ein „Bild" über Ihr Gegenüber machen. So finden Sie viel leichter Zugang und können an bereits geführte Konversationen anknüpfen.

- Sie sind ein Oldtimer-Fan? Kein Problem. Auch diese Gruppen sind in hoher Vielfalt vertreten. Tauschen Sie sich aus. Es werden sich viele Gemeinsamkeiten finden, an die Sie anknüpfen können. Planen Sie eine Reise zum nächsten Oldtimertreffen. Das darf durchaus auch etwas weiter entfernt sein. Nicht selten kristallisieren sich noch weitere Gemeinsamkeiten heraus.

Bleiben Sie immer Sie selbst. Verbiegen Sie sich nicht und offerieren Sie sich stets als guter Zuhörer.

Um Ihnen den Einstieg zu erleichtern, finden Sie im folgenden Kapitel einige Tipps zur hohen Kunst des kleinen Gespräches.

KAPITEL 5

MEISTERN SIE SMALLTALK

DIE KUNST BELANGLOSER GESPRÄCHE UND IHRE WIRKUNG

In unserer diversifizierten Freizeitgesellschaft, die sich weg vom Wir-Gefühl bewegt und mehr zu Autonomie und Individualismus neigt, ist es nicht ganz einfach, ein Gespräch zum Fließen zu bringen. Verlieren Sie deshalb nicht den Mut. Möglicherweise habe Sie bereits über die vorangegangen Gelegenheiten Menschen kennenlernen dürfen, die Ihnen den Einstieg in das Gespräch erleichtern. Stützen Sie sich auf eine interessante Themenwahl. Wenn Sie sich noch nicht so gut kennen, ist es ganz normal, wenn das erste angeschnittene Thema nicht sofort einschlägt. Versuchen Sie, ein anderes Thema anzubieten. Sagen Sie irgendetwas und warten Sie keinesfalls auf einen begnadeten Einfall. Es ist gar nicht so wichtig, was Sie sagen. In erster Linie beruht der erste Eindruck auf Ihrem Aussehen, Ihrem Tonfall, Ihrer Haltung und Ihrer Stimme. Wählen Sie Belanglosigkeiten wie ein kleines Erlebnis auf der Hinfahrt, eine Bemerkung über die Umgebung oder verteilen Sie ein freundliches Kompliment. Naheliegend sind das Essen, ein lauschiger Sommerabend oder eine ausgefallene Tischdekoration.

Wählen Sie Aussagen wie:

- „Gemütlich ist es bei Euch"

- „Der Cocktail ist aber lecker, wie ist er gemixt?“
- „Die Umgebung ist zauberhaft, idyllischer kann man es sich nicht wünschen.“

Bleiben Sie stets ehrlich und übertreiben Sie nicht.

Fragen sind der direkteste Weg, um ein Gespräch zu beginnen:

- „Hast Du schon öfter an dieser Tagung teilgenommen?“
- „Hast Du dich schon gut eingelebt?“
- „Warum hast Du vom Snowboarden auf Skifahren gewechselt?“

Nehmen Sie Ihren Gesprächspartner aber nicht ins Kreuzverhör. Wählen Sie keine Fragen, die Intimität verlangen. „Was verdienst Du denn so?“, oder „Geht es in eurer Firma wieder bergauf?“, zählen zu den unangebrachten Fragen.

Verteilen Sie Komplimente. Sie legen nicht nur einen ersten Themenbereich fest, sondern verbreiten eine wohltuende Atmosphäre.

- „Du siehst richtig erholt aus! Der Urlaub war

vermutlich sehr entspannend."

- „Das Kleid steht dir wunderbar, wo hast du es entdeckt?"

Versuchen Sie, Ihre Unterhaltung zu perfektionieren. Sympathiepunkte ernten Sie, wenn es Ihnen gelingt, eine peinliche Stille zu füllen. Bevor die Diskussion zum Erliegen kommt, hauchen Sie ihr Leben ein. Schwenken Sie geschickt auf ein neues Thema um. Werfen Sie ein: „Kürzlich habe ich Marianne und Rolf getroffen." Oder „Wetten, ich kann alle Bundesligisten der letzten Jahre aufzählen!"

- Ziehen Sie Außenseiter mit ins Gespräch.

- Zeigen Sie Gefühle.

- Strahlen Sie Begeisterung und Optimismus aus und stecken Sie Ihre Gesprächspartner an.

- Fassen Sie sich kurz und verfallen Sie nicht in endlose Monologe.

Denken Sie stets daran, dass jede Kommunikation Empathie erfordert, sowie die Fähigkeit. sich in andere hineinzuversetzen - in das Erleben, in die Stimmung und die Erwartungen.

Achten Sie auf Ihre Körpersprache. Halten Sie Blickkontakt und verzichten Sie auf ablenkende Bewegungen. Schnell wird Ihr Gegenüber Desinteresse feststellen.

Wenn Sie in einem persönlichen Gespräch deutlich machen, dass Ihnen freundschaftliche Gefühle näher liegen als Distanz, werden sich die meisten Menschen zu Ihnen hingezogen fühlen. Sie haben vermittelt, dass Sie in der Lage sind, Rollenmuster zu vertauschen. Ein Vielredner schweigt und gibt den Schweigsamen Zeit zu reden. Hingegen sind Sie auch in der Lage, ein einseitiges Rollenmuster zu erkennen. In diesem Fall schlüpfen Sie in die Rolle des Kummerkastens, des Beichtvaters und Trösters. Es sind die kleinen und großen Schwierigkeiten, welche uns zu unseren Freunden führen.

KAPITEL 6

SIEBEN GRÜNDE FÜR FREUNDSCHAFTEN

#1 GUTE FREUNDSCHAFTEN - EIN LEBENS-ELIXIER

Australische Forscher verfolgten in einer Langzeitstudie das Leben von mehreren Menschen, die älter als 60 Jahre waren. Das Ergebnis ist nicht unbedingt verblüffend, vielmehr bekräftigt es dass, was wir lange ahnten. Ein Leben ohne Freunde ist wie ein Leben ohne Wasser, Nahrung und Luft. Es lässt uns schneller altern und verkürzt die Lebenszeit. Die australischen Forscher untermauerten die Tatsache, dass Frauen länger leben, weil Sie bessere Freundschaften haben als Männer. Nur unwesentlich beeinflussen familiäre Kontakte unsere Lebenserwartung. Hingegen versprechen tiefe freundschaftliche Verbindungen eine um 22 Prozent höhere Lebenserwartung.

#2 FREUNDSCHAFTEN STÄRKEN DAS IMMUNSYSTEM

Mit guten Freundschaften leben Sie gesünder. Gute Freunde vermitteln uns stets ein Gefühl der Sicherheit. Sie schenken uns Lebensfreude und bewirken um uns herum eine Art Schutzwall, an dem viele Schwierigkeiten und Ärgernisse des Lebens abprallen. In Belastungssituationen dürfen Sie sich Ihrer Freunde gewiss sein. Sie geben uns Hoffnung, teilen unsere Sorgen und Geheimnisse. Das stärkt die Abwehrkräfte. Genau genommen wirken sie wie Medizin gegen Krankheiten.

#3 FREUNDSCHAFTEN VERRINGERN UNSERE SORGEN

Ehrliche Freundschaften beruhigen Ihr Nervenkostüm. Führen Sie ein gutes Gespräch unter Freunden und Ihre Ängste und Sorgen werden gedämpft. Möglicherweise hat Ihr Freund ähnliche Erfahrungen gemacht und kann Ihnen nun mit Rat und Tat zur Seite stehen. Das beruhigt und trägt zur körperlichen und seelischen Gesundheit bei.

#4 GUTE FREUNDE SIND HELFER IN DER NOT

Viele Menschen sind der Meinung, dass man sich in Notsituationen nur auf seine Eltern oder den Partner verlassen kann. Befragungen einer internationalen Studie bestätigen diese Meinung bedingt. 28 Prozent der Befragten gaben an, sich an ihren Partner zu wenden, dicht gefolgt von 18 Prozent, die sich ihren Freunden anvertrauten. Erst dann folgt der Weg zur Mutter (8,7 Prozent) zum Vater (3,7 Prozent) oder zum Pfarrer (1,1 Prozent). So erlangen, neben dem Partner, die Freunde offenbar die größte Bedeutung.

#5 MIT GUTEN FREUNDEN STABILISIERT SICH UNSER ICH

In Zeiten, in denen Sie sich stärker dem Beruf oder einer Partnerschaft widmen, werden Sie bald feststellen, wie sehr Sie Ihre Freunde vermissen. Es wird immer Zeiten geben, da man sich aus den Augen verliert oder seine Aufmerksamkeit anderen Dingen schenken muss. Auch wenn uns Freunde aus bestimmten Gründen verlassen und nicht mehr erreichbar sind, spüren wir eine Leere, welche unsere seelischen Strukturen beeinflusst. Sie fühlen sich nahezu amputiert, als ob sie eine Sehhilfe eingebüßt haben. Ihr Ich wird wackliger und poröser.

Erkennen Sie, wie wertvoll eine Freundschaft ist?

#6 MIT FREUNDEN LASSEN SICH KRISEN MEISTERN

Sie haben Ihre Arbeit verloren? Ihr Partner hat sich von Ihnen getrennt? Sie erleben Verzweiflung durch den Tod eines geliebten Menschen? Ein guter Freund wird Ihre Nöte erkennen und Ihnen helfen, diese zu überwinden. Krisen lösen extreme Verunsicherungen aus. Menschen, die Ihnen jetzt zuhören, sich Ihrer Sorgen und Kümmernissen annehmen und über Tage oder Wochen zur Verfügung stehen, um Ihr Leid zu teilen, sind an Wert kaum zu messen.

#7 DIE FREUNDSCHAFT- DAS UNZERREIßBARE BAND

Wirkliche Freundschaften werden Ihnen immer ein tiefes

Gefühl der Sicherheit geben. Sie vermitteln Ihnen, dass sie nie allein sind. Freunde sind das Fundament unseres Daseins und helfen uns, auch die dunklen Stunden in unserem Leben zu überstehen.

KAPITEL 7

DIE TYPISCHEN FREUNDSCHAFTSKILLER

Eine Freundschaft, die an Konflikten zerbricht, war vermutlich nie eine gute Freundschaft.

Es wird in jeder guten Freundschaft Konflikte geben. Sie sollten nur angemessen behandelt werden. Der große Dichterfürst Goethe hielt es in solchen Fällen für erforderlich, die Freundschaft zunächst ruhen zu lassen. So herrschten zwischen ihm und seinem besten Freund Friedrich Schiller einige Wochen Funkstille. Häufigster Auslöser: Sie waren sich auf manchen Gebieten uneinig. Wir wissen, dass Goethe und Schiller eine tiefe und enge Freundschaft pflegten. Es gelang ihnen immer wieder, zueinander zu finden.

Gewissen Freundschaftssünden sollte man dennoch Beachtung schenken. Mit Ruhenlassen ist es nicht getan. Wenn es nicht irgendwann zum Bruch kommen soll, müssen Sie bestimmte Sünden unbedingt ansprechen. Dazu zählen:

UNZUVERLÄSSIGKEIT UND UNPÜNKTLICHKEIT

Sie erwarten von Ihrem Freund, dass er für Sie da ist und

Sie unterstützt. Wenn Sie ständig zu hören bekommen, dass er es nicht schafft, weil er wieder mal unter Launen und Stimmungsschwankungen leidet, wissen Sie nicht, woran Sie sind. Können Sie nun in Krisenzeiten auf ihn bauen oder nicht? Im Konfliktfall müssen Sie befürchten, dass er nicht zu Ihnen steht. Dann gibt es die Freunde, welche monatelang nichts von sich hören lassen und dann so tun, als wäre nichts gewesen. Vermutlich hatten Sie diese Art von Freunden schon aufgegeben. Ähnlich verhält es sich mit Unpünktlichkeit. Ständiges Zuspätkommen schafft kaum Vertrauen. Wenn es mal brenzlig wird, werden Sie auf diesen Freund nicht zählen können. Es ist keine nette Art, andere Menschen warten zu lassen, auch wenn es sich um ein eingefleischtes Problem aus der Kindheit handelt. Unpünktlichkeit hinterlässt Geringschätzung. Sagen Sie das Ihrem Freund. Wenn ihm wirklich an Ihnen gelegen ist, wird er in Zukunft pünktlich sein.

DIE NEHMERHALTUNG

Sie nehmen sich stets Zeit, helfen bei einem Umzug, sind auch nach Mitternacht bereit für ein Gespräch? Das ist lobenswert und zeichnet Sie als guten Freund aus. Nun möchten Sie ebenfalls diese Hilfe in Anspruch nehmen. Leider stellen Sie fest, dass Ihr Freund überhaupt keine Zeit hat. Die Fenster sind noch zu putzen, der Einkauf ist noch nicht erledigt und überhaupt stehen ja noch so viele Dinge an, die es jetzt einfach nicht erlauben, für Sie da zu sein. Das hinterlässt das ungute Gefühl des nur Nehmens und nicht Geben. Sie fühlen sich ausgenutzt. Freundschaft sieht wohl anders aus.

TRATSCHEREI

Jede gute Freundschaft lebt von der Verschwiegenheit. Nietzsche formulierte es einst so: „Man darf über seine Freunde nicht reden: sonst verredet man sich das Gefühl der Freundschaft." Allerdings verwies Nietzsche auch darauf, dass verschwiegene Freunde eher selten sind. Klatschhaftigkeit entsteht aus Langeweile. Besonders Freunde, die nicht viel zu tun haben und nicht besonders arbeitsam sind, neigen zu diesen „Quatschereien", die niemanden etwas angehen. Ergo: Menschen, die lebenstüchtig sind, werden sich als gute Freunde erweisen. Sie zeigen innere Ruhe und Ausgeglichenheit. Umgekehrt müssen Sie sich bei redseligen Freunden jeden Satz überlegen. Darf ich das jetzt sagen? Langfristig wird dieses Freundschaft zerbrechen, denn sie leidet unter einer stetigen Selbstkontrolle.

FREUNDSCHAFTSBREMSEN, DIE BEEINTRÄCHTIGEN

Neben den typischen Freundschaftskillern zeigen sich, insbesondere in den bereits erwähnten „Durchschnittsfreundschaften", weitere fünf Freundschaftsbremsen, die jede sich entwickelnde Freundschaft beeinträchtigen. Diese resultieren zumeist aus einem geringen Kooperationsvermögen.

DAS STREBEN NACH GELTUNG

Kaum jemand kann sich wohl davon freisprechen: Wir reden gern über uns und stehen auch hin und wieder gern im Mittelpunkt. Die Anerkennung unserer Mitmenschen ist uns wichtig. Dieses Geltungsbedürfnis ist dann besonders stark ausgeprägt, wenn unsere Minderwertigkeitsgefühle überwiegen. Betroffene unterliegen ständig der Versuchung, die Bewunderung ihrer Freunde zu erringen. Manchen Menschen kann das durchaus gelingen. Sie sind begnadete Redner, können brillant argumentieren und sehen zudem gut aus. Das wirkt anziehend. Man könnte meinen, diese Menschen sind begehrt. Auf den ersten Blick mag das so sein. Doch wehe dem, der mit ihnen Freundschaft schließt. Schnell werden Sie in die Rolle des staunenden Bewunderers gedrängt. Auf die Dauer ist das wenig befriedigend. Vor allem dann, wenn Sie selbst gern im Mittelpunkt stehen.

Die Freundschaft trägt einen rivalisierenden Charakter.

FREUNDE, DIE SICH GERN VERWÖHNEN LASSEN

Kennen Sie das: Es ruft Sie ein Freund an und gleichzeitig überkommt Sie ein schlechtes Gefühl? Das könnte daran liegen, dass dieser Freund immer nur dann anruft, wenn er bestimmte Absichten verfolgt. Er erwartet, dass Sie für ihn da sind und Sie sich auf ihn einstellen. Das wäre eigentlich kein Problem. Nur mittlerweile haben Sie herausgefunden, dass dieser Freund zwar in regelmäßigen Abständen anruft, aber nur dann, wenn er ein Problem hat. Sie helfen natürlich gern. Nur ist es umgekehrt genauso? Fazit: Dem anderen wird es gut dabei gehen. Sie fühlen sich letztendlich schlecht. Eigentlich ist es zum „aus der Haut fahren", wenn Freundschaftsdienste so einseitig verlaufen.

EIFERSUCHT – DIE BELASTENDE FREUNDSCHAFTSBREMSE

Eifersuchtsgefühle können in allen intensiven Beziehungen leicht entstehen. Hervorgerufen werden Sie jedoch durch mangelnde Fähigkeiten im sozialen Konfliktbereich. Untergründige Konflikte sind in engen Freundschaften nicht selten und lösen Verlustängste aus. Ihre Gedanken kreisen: Möglicherweise geht Ihr Freund eine bessere Beziehung ein, weil er sich über Sie geärgert hat. Natürlich werden wir hellhörig, wenn sich einer unserer besten Freunde mit jemanden anderen trifft und möglicherweise ins Schwärmen verfällt. Beunruhigend ist diese Tatsache aber nur, wenn ein begründeter Verdacht nahe liegt. Sie haben vor kurzem ein Streitgespräch geführt und sind aus diesem mehr oder weniger befriedigt herausgegangen? Das kann ein Anlass sein, den Sie als Bewährungsprobe für ihre Freundschaft betrachten sollten. Suchen Sie die unmittelbare Aussprache. Vermitteln Sie Ihrem Freund, wie Sie sich fühlen und was Sie bedrückt. Es reicht nicht aus, nur den Konflikt anzusprechen. Sprechen Sie gezielt über Ihre Freundschaftsbeziehung.

DAS STREBEN NACH MACHT

Ihr Freund versorgt Sie ständig mit Vorschlägen und Plänen? In Ihrer Freundschaft sind Sie nur der „Mitmacher“? Schon von Kindesbeinen an, bestimmt Ihr Freund, wo es lang geht? Möglicherweise tummelt sich ein aktiver Freund an Ihrer Seite. Zunächst sind Sie vielleicht froh, einen impulsiven Freund gefunden zu haben. Es gab sicher einige Momente, wo die Machtallüren Ihres Freundes vertretbar waren und einen Nutzen hatten. Vor allem dann, wenn Sie Ihren eigenen Impulsen nicht vertrauen konnten.

Dennoch wird dieses Machtverhalten, über kurz oder lang, ihre Freundschaft belasten. Machthungrige Menschen sind keine guten Zuhörer. Sie lieben das, was sie vorschlagen, und fühlen sich angenehm berührt, wenn sie Zustimmung ernten. Wenn Sie die gut gemeinten Hinweise nicht befolgen, kann es durchaus sein, dass Ihr Freund sauer wird. Vergrämt werden Sie feststellen: Er bestimmt immer alles und hört Ihnen überhaupt nicht zu. Besonders deutlich zeigen sich solche Machtstrukturen in einem Chef-Angestellten-Verhältnis. Natürlich kann sich auch hier ein freundschaftliches Verhältnis bilden. Sieht jedoch der Chef seine Interessen bedroht, wird dieses Freundschaftsband zerreißen.

Üben Sie sich in Zurückhaltung, insofern Sie Freundschaften mit Menschen in Machtpositionen schließen möchten.

NEID VERDÜSTERT DIE BEZIEHUNG

Nicht selten spielt Neid eine große Rolle in Freundschaftsbeziehungen. Üben Sie sich in einer gewissen Neidbeschwichtigung. Auch Ihnen würde es missfallen, wenn Ihr Freund zu begeistert und übertrieben von seinen Erfolgen berichtet. Ein gesundes Maß ist also angebracht. Besonders

Freunde, denen Erfolge wenig vergönnt sind, werden ein merkwürdiges Gefühl Ihnen gegenüber entwickeln. Neid ist schnell verbreitet, auch wenn man es gar nicht beabsichtigt. Vertrauen Sie auch auf Ihr Taktgefühl. Denn Sie werden sicher einem guten Freund, der eine schlechte Ehe führt, nicht von den eigenen Liebesromanzen erzählen. Neid ist vorprogrammiert und schadet jeder guten freundschaftlichen Beziehung.

KAPITEL 8

WORAN ERKENNT MAN ECHTE FREUNDE?

Es gibt unverkennbare Zeichen der Freundschaft. Manche sind alltäglich und werden nur mehr oder weniger bewusst wahrgenommen. Anderen sollten Sie vielleicht mehr Beachtung schenken. Neu erfinden werden Sie sicher keine dieser Zeichen. Denn Sie sind letztendlich ein Spiegelbild von uns selbst. Jeder kann ein guter Freund sein:

ZEICHEN NR. 1

Sie sind die Helfer in Not. Wir können Sie nachts anrufen, weil wir ins nächste Krankenhaus gebracht wurden. Sie gewähren uns Unterkunft, weil ein Streit mit dem Partner einen vorübergehenden Auszug erforderlich macht. Wir fallen Ihnen nicht zur Last. Im Gegenteil: Sie geben uns das Gefühl, willkommen zu sein und das, wenn nötig, auch über einen längeren Zeitraum.

ZEICHEN NR. 2

Würde Ihr Freund Sie auch mit Geld unterstützen?

In der Regel heißt es: „Bei Geld hört die Freundschaft auf." Nicht so bei guten Freunden. Stets konnten sie einander vertrauen, haben Opfer gebracht und sich sowohl in guten, als auch schlechten Zeiten bewährt. Die Frage nach finanzieller Unterstützung sollte allerdings moralisch vertretbar sein. Sie möchten sich gern ein tolles Auto kaufen und benötigen dringend Geld? Dann fragen Sie doch besser Ihre Hausbank. Ein vorübergehender finanzieller Engpass, beispielsweise durch einen Umzug, darf hingegen gern als Anlass genommen werden. Ihr Freund wird sicher Verständnis aufbringen und Sie unterstützen. Vereinbaren Sie eine angemessene Ratenzahlung und leisten Sie pünktlich Ihre Rückzahlungen.

ZEICHEN NR. 3

Gratuliert man Ihnen zum Geburtstag?

Auch wenn man kein Freund von Gedenktagen und Feierlichkeiten ist- der Geburtstag ist etwas Besonderes. Achten Sie darauf, wer an Sie denkt und gratuliert. Wer sich nicht bei Ihnen meldet, pflegt lieber eine distanzierte Beziehung.

ZEICHEN NR. 4

Ihre Freunde sprechen Ihnen Mut zu.

Sie sind niedergeschlagen? Ein enttäuschendes Erlebnis droht, Sie aus der Bahn zu werfen? Sie hatten Ärger mit einem Arbeitskollegen? Jetzt hilft: Ein Freund, der sie tröstet, Ihnen Mut zuspricht und Sie mit positiven Erlebnissen versorgt. Möglicherweise lädt er Sie zum Essen ein oder schafft eine andere, abwechslungsreiche Atmosphäre. Ihr Freund versteht es, Sie zu motivieren. Das ist unglaublich wichtig.

ZEICHEN NR. 5

Sie dürfen immer aufrichtig sein

Rückhaltlose Offenheit wächst durch Nähe. Sie beinhaltet, dass Sie Ihren Freund gleichsam in sich tragen. Sie müssen keine Vorsicht walten lassen, wenn Sie sich ihm anvertrauen. In Ihren Gesprächen haben Erfolge, als auch Misserfolge ihre Berechtigung. Sie offenbaren Ihre Schwächen und finden einen hervorragenden Zuhörer.

Gute Gespräche gelingen nur, wenn mindestens ein Freund ein guter Zuhörer ist. Meist reichen schon Blicke und beide Seiten wissen, was gemeint ist. Man muss nicht immer reden. Ist man sich vertraut, empfindet man zeitweiliges Schweigen nicht als Bedrohung. Schweigen kann durchaus auch ein Gradmesser für die Güte einer Freundschaft sein.

Nur wenige Merkmale zeichnen einen Freundschaftsstifter aus, aber diese sind maßgeblich für die Intensität einer wahren Freundschaft:

- Bleiben Sie sich stets selbst treu.

- Strahlen Sie Optimismus und Begeisterung aus.

- Übermitteln Sie lebendige Botschaften.

- Erfüllen Sie Wünsche mit Vergnügen.

- Zeigen Sie Mitgefühl.

Bleiben Sie geduldig auf der Suche nach Freunden. Jeder bringt seine eigene Lebensgeschichte mit. Nicht selten treffen dann zwei Welten aufeinander. Zunächst sprechen Sie noch nicht dieselbe Sprache. Berücksichtigen Sie stets, dass gehemmte Menschen etwas mehr Zeit benötigen, um aktiv zu werden. Appellieren Sie an Ihr Selbstbewusstsein und schätzen Sie, was an Ihnen liebenswert und attraktiv ist. Oft sind es nur ganz normale Fähigkeiten und Eigenschaften, die für unsere Freunde bedeutend sind. Zu den elementarsten Freundschafsdiensten zählen soziale Kompetenzen und Zuverlässigkeit.

KAPITEL 9

FREUNDSCHAFTSPFLEGE UND VERSÖHNUNGSKUNST

Freundschaften wollen gepflegt sein. Es ist wichtig, sie lebendig zu halten. Erinnern Sie sich an vergangene Freundschaften, die möglicherweise durch zu lange Sendepausen verloren gingen? Gründe gab es sicher einige dafür. Vielleicht waren es ein Umzug, ein neuer Partner, neue Interessen oder einfach nur zu wenig Zeit. Nun darf man gern dagegenhalten: Das Band der Freundschaft zerreißt nie, wenn es denn von genügend Kraft gezogen wird. Wohl dem der seine Freundschaft wie ein Pflänzchen hütet, und es ständig mit Wasser und Dünger versorgt. Leider nimmt diese Pflege eine viel zu geringen Raum in unserem Leben ein. Dadurch versanden gute Freundschaften viel zu häufig. Entfernungen sollten Sie nicht davon abhalten, an Ihren besten Freund zu denken und ihn in regelmäßigen Abständen anzurufen. Es gibt immer Dinge, die Sie miteinander verbinden und in einem Gespräch vertieft werden können. Zeigen Sie Interesse an Neuigkeiten und forschen Sie nach. Knüpfen Sie an einem zuletzt geführten Gespräch an. Das eignet sich hervorragend als Gesprächseinstieg. Geburtstagswünsche verstehen sich von selbst.

Eine Einladung zum Essen, ist ebenfalls eine wunderbare Gelegenheit, um über sich und den anderen zu sprechen. Mit dieser Einladung machen Sie deutlich, wie wichtig

Ihnen die Verbindung ist, um die Freundschaft lebendig zu halten.

Spüren Sie den Pulsschlag des anderen. Überlegen Sie, was erforderlich ist, damit es Ihrem Freund besser geht. Jedes Handeln beinhaltet eine Botschaft. Diese vermitteln Sie an Ihren Freund: „Du bist mir wichtig!“

KÖNNEN SIE SICH VERSÖHNEN?

An Misstrauen und Gekränktheit darf eine Freundschaft nicht zerbrechen. Freunde streiten, das ist nicht ungewöhnlich. Im Gegenteil, Streit kann durchaus konstruktiv sein. So stehen sich zwei feindliche Heere gegenüber und beschießen sich mit Worten. Neben der begleitenden Wortwahl des Streitgespräches muss auch eine anschließende Versöhnungsmöglichkeit mitberücksichtigt werden. Vielleicht nicht sofort, aber nach einer angemessenen Zeit sollten Sie zur Versöhnung bereit sein. Sonst kann es unweigerlich passieren, dass sich die Freundschaft von diesem Konflikt nicht mehr erholt.

Die Bereitschaft zur Versöhnung ist sicher auch eine Frage des Charakters. Und sie hat auch ihre Grenzen. Es gibt Menschen, deren Verhaltensweisen so niederträchtig und störend sind, dass jeder weitere Versuch ohnehin nur Energieverschwendung wäre.

Nun können wir aber davon ausgehen, dass Sie die Eigenarten Ihres Freundes kennen. Sie sind in der Lage, sich auf diese einzustellen, um sie im besten Fall zu tolerieren. Beantworten sie sich selbst die Frage: „Ist mir mein Freund so wertvoll, dass ich seine Fehler in Kauf nehme?“ Wenn nicht, wäre die Trennung ein konsequenter Weg. Bitte denken Sie bei Ihrem Entschluss stets über Ihre eigene Konfliktfähigkeit nach. Sind Sie bereit Ihre Fehler einzugestehen? Pflegen Sie eine gewisse Nachgiebigkeit? Genau betrachtet, werden Sie feststellen, dass eine gewisse Nachgiebigkeit, welche die Konfliktfähigkeit prägt, doch sehr sympathisch ist.

KAPITEL 10

FREUNDSCHAFTEN FÜR EIN GUTES LEBEN

Sie haben nun alles über die Grundschritte der Freundschaftsfindung gelernt, was bereits vielen Menschen dabei geholfen hat, ehrliche und beständige Freundschaften aufzubauen und damit ein besseres Lebensgefühl zu erreichen.

Ich habe Ihnen gezeigt, welche Eigenschaften für eine gesunde Freundschaft anzueignen sind und an welchen Aspekten Sie persönlich lieber arbeiten sollten. Außerdem wissen Sie nun, mit welchen Tipps und Tricks jeder Gesprächspartner aus der Reserve zu locken ist.

Wie bei so vielem ist auch hier Übung und Überwindung der Schlüssel, doch die Früchte einer wahren Freundschaft bestehen auch noch über das jetzige Bewusstsein hinaus. Also gehen Sie es an und versüßen Sie Ihr Leben fortan mit echten, neuen Freunden.

Ich hoffe sehr, dass ich Ihr Leben mit den Tipps, die ich Ihnen in diesem Buch gegeben habe, verbessern konnte und würde mich, wenn Ihnen das Buch gefallen hat, sehr über eine Rezension auf Amazon freuen.

Ich wünsche Ihnen viel Erfolg beim Freunde finden! Üben Sie fleißig und bleiben Sie stets Sie selbst. Ich weiß, dass Sie es schaffen können, genauso wie viele Menschen vor Ihnen!

Alexander Rau

DIESES BUCH KÖNNTE IHNEN AUCH GEFALLEN

Folgen Sie einfach dem Link, um mehr über dieses Buch zu erfahren: **http://amzn.to/1ikuviq**

KAPITEL 1
OFFEN DURCHS LEBEN

Hallo, ich heiße Alexander Rau und als allererstes möchte ich mich bei Ihnen dafür bedanken, dass Sie „Smalltalk für Anfänger: 55 einfache Wege, um neue Leute kennenzulernen, Freunde zu finden und jederzeit einen positiven Eindruck zu hinterlassen“ gekauft haben.

Dieses Buch enthält 55 bewährte Tipps, wie Sie die Kunst des Smalltalks meistern und ein positiveres und glücklicheres Leben führen können.

Smalltalk ist eine äußerst wichtige, aber häufig unterschätzte Fähigkeit. Viele Menschen missverstehen leider die Relevanz und den Sinn des Smalltalks und sehen es lediglich als lästige, oberflächliche Plauderei. Doch Smalltalk ist der Einstieg zu neuen Bekanntschaften und echten Freunden, die Sie aus Ihrem eintönigen Leben befreien können. Mit Smalltalk stärken Sie Ihre Sozialkompetenzen und geben den Ausschlag für die Entwicklung des ersten Eindrucks. Somit beweist sich Smalltalk als eine der wichtigsten Konversationsarten.

Kennen Sie die Situation, Sie haben einen neuen Job und gehen mit den neuen Kollegen in die Kantine. Sie setzen sich alle gemeinsam an den Tisch und Sie kommen sich vor wie der letzte Idiot. Warum? Weil Sie überhaupt nichts zum Gespräch beitragen können und eventuell, durch die Unsicherheit der Kollegen wegen des neuen Mitarbeiters, generell peinliche Stille am Tisch herrscht. Sie werden immer angespannter und überlegen sich, wie Sie nun irgendwie ein nettes Gespräch zustande bringen und die

Leute am Tisch von sich überzeugen können. Doch Ihnen fällt nichts ein... Sie fragen sich: „Worüber rede ich denn jetzt bitte mit Menschen, die ich nie zuvor gesehen habe?"

Wenn Sie so etwas oder ähnliches bereits selbst erfahren mussten, dann ist dieses Buch genau das Richtige für Sie. Sie werden in den folgenden Kapiteln alles über die richtigen Schritte und Techniken des Smalltalks lernen, sodass Sie nicht länger der stille Außenseiter in einer eher fremden Runde sind.

Übung macht hierbei, wie bei den meisten Dingen, den Meister, weshalb ich die Tipps in diesem Buch so praxisnah wie möglich vermitteln werde. Wenden Sie diese in Ihrem alltäglichen Leben an und erlernen Sie endlich die Kunst des Smalltalks. Lassen Sie uns im nächsten Kapitel direkt mit den ersten Tipps starten, die Ihnen nahebringen, wie Sie sich optimal auf anstehende Smalltalks vorbereiten.

KAPITEL 2

PHASE 1: INS GESPRÄCH KOMMEN

#1: ERSTELLEN SIE EINE LISTE VON FRAGEN, MIT DENEN SIE DAS EIS BRECHEN KÖNNEN.

Sie können sich für verschiedene Gelegenheiten im Voraus einige Fragen überlegen, mit denen Sie das Eis brechen können. Noch besser ist es, wenn eine geplante Gelegenheit auf Sie zukommt, denn dann können Sie die Fragen der Situation entsprechend formulieren. Sind Sie etwa auf eine Party eingeladen, auf der Sie so gut wie niemanden kennen, dann können das Fragen sein wie z.B.: „Woher kennst du den Gastgeber?", „Bist du das erste Mal bei (...) auf einer Party?", „Findest du die Musik auch so toll / grässlich? Was hörst du denn sonst so?", „Findest du es auch so schlimm, dass alle nur am Selfies machen sind und keiner richtig zur Musik abgeht?". Solche und ähnliche Fragen können ein hervorragender Start für ein Gespräch sein.

#2: ALLES AUFSCHREIBEN!

So viele dieser Fragen Ihnen auch in den Sinn kommen – schreiben Sie sie alle auf! Es besteht nämlich die Gefahr, dass Sie sie vor Aufregung plötzlich vergessen, also können Sie vor der Party nochmal kurz drauf schauen. Oder wenn Ihnen plötzlich während der Unterhaltung selbst die Fragen entfallen, dann können Sie sich kurz entschuldigen, zur

Toilette gehen und einmal drauf spicken.

#3: UNBEDINGT AUGENKONTAKT HERSTELLEN!

Ganz egal, in welcher Situation Sie sich befinden, wenn Sie ein Gespräch beginnen möchten, dann ist es außerordentlich wichtig, erst mal Augenkontakt herzustellen. Das bedeutet nicht, dass Sie die Person so anstarren sollen, dass es ihr unangenehm wird und sie dann peinlich berührt den Kopf von Ihnen wegdreht, aber ein kurzer, bestimmter und freundlicher Blick verrät, dass Sie Interesse an der Person haben und gerne mit ihr ins Gespräch kommen würden. Dieser Akt an sich ist schon ein toller Eisbrecher.

#4: SEIEN SIE RECHTZEITIG DA!

Wir bleiben mal bei der zuvor erwähnten Party. Vor allem dann, wenn Sie dort so gut wie niemanden kennen, sollten sich nicht zu spät zur Party kommen und mitten ins Geschehen platzen. Wenn das der Fall ist, dann werden sich bis dahin schon Gruppen gebildet haben und Sie werden es zusätzlich schwerer haben, zu einer von ihnen zu stoßen. Wenn Sie es aber umgekehrt machen und als einer der ersten kommen, dann wird es ihnen viel leichter fallen, mit den bereits anwesenden paar Gästen in Kontakt zu kommen und die Gäste, die nach ihnen kommen, werden vielleicht sogar auch Sie zuerst ansprechen.

#5: SUCHEN SIE SICH DIE RICHTIGE STELLE AUS.

Wenn Sie sich in irgendeiner Ecke verkriechen, dann senden Sie auch tatsächlich dieses Signal aus: Ich bin schüchtern, zu keiner Unterhaltung bereit, möchte in Ruhe gelassen werden und in meinem Mauseloch verkrochen bleiben. Sie selbst würden wohl auch nicht auf so eine Person zugehen, oder? Stellen Sie sich deswegen an eine günstigere Stelle (etwa an die Bar oder an einen Stehtisch) und Sie werden sehen, dass Sie schon bald Anschluss finden.

#6: MACHEN SIE SICH SCHLAU!

Nehmen wir an, Sie sind zu einer Hochzeit eingeladen und Sie kennen außer dem ...

Folgen Sie einfach dem Link, um mehr über dieses Buch zu erfahren: **http://amzn.to/1iKuvIq**

1.Auflage 2015

Lars Tiefel
Libanonstr. 85
70186 Stuttgart

16305946R00037

Printed in Poland
by Amazon Fulfillment
Poland Sp. z o.o., Wrocław